农民实用丛书

丛书主编　沈谦芳　林学勤
副主编　沈庆中

# 农民在消费方面的权益保护

邹国华　王永东／著

邹凡／修订

U0782162

江西人民出版社

**图书在版编目(CIP)数据**

农民在消费方面的权益保护/邹国华 王永东著、邹凡修订.
—南昌:江西人民出版社,2000.8(2010年3月重版)
(农民实用丛书/沈谦芳、林学勤主编)
ISBN 978－7－210－02310－4

Ⅰ.农... Ⅱ.①邹...②王... Ⅲ.消费者权益保护
法－法律解释－中国 Ⅳ.D923.85

中国版本图书馆 CIP 数据核字(2000)第 43962 号

### 农民在消费方面的权益保护

邹国华 王永东著 邹凡修订

江西人民出版社出版发行

江西新华印刷集团有限公司印刷 新华书店经销
2010 年 3 月第 2 版 2011 年 4 月第 3 次印刷
开本:787 毫米×1092 毫米 1/32 印张:3
字数:40 千
ISBN 978－7－210－02310－4 定价:6.00 元

江西人民出版社 地址:南昌市三经路 47 号附 1 号
邮政编码:330006 传真电话:6898827 电话:6898893(发行部)
网址:www.jxpph.com
E－mail:jxpph@ tom.com web@ jxpph.com
(赣人版图书凡属印刷、装订错误,请随时向承印厂调换)

# 目录

## 1. 消费者权益受侵害应向何处投诉?

1994 年 7 月 7 日,天气异常炎热。韩某到县五金公司购买了一台新兴电器厂生产的微风电扇,当天下午安装调试时,电扇外壳带电,致使韩某当场触电身亡。

韩某的妻子谢某来到派出所报案。派出所干警小刘经现场勘察,发现死者左手大拇指烧焦,右胸部严重烧伤,证实韩某属触电而亡。谢某嚎啕大哭,要求派出所为她作主。小刘告诉她:"你丈夫触电,估计是电扇质量有问题,我们派出所不处理这种事,这事你得到县里找消费者协会处理。"小刘耐心地给谢某解释说:"你们到商店去购买商品,就是消费者,国家为保护消费者的权益,专门制定了《中华人民共和国消费者权益保护法》,各地都成立了消费者协会。消费者在购买商品或接受服务中,人身权益、财产权益受到损害时,都可找消费者协会投诉。消费者协会一定会为你主持公道的。"谢某按小刘的嘱咐来到县消费者协会投诉。消费者协会经调查取证,证明这种电扇是不合格产品。在消费者协会的主持调解下,县五金公司赔偿谢某丧葬费、死亡补偿费、被扶养人生活费共计30000 元。

## 2. 消费者权益受到侵害,为什么不应找县政府?

章泉在县城某车行花 250 元购买一辆自行车,使用不到两个月,自行车上面的漆逐渐脱落,章泉仔细一看,发现该车原来是翻新车,于是找到车行要求退换。车行负责人称售出产品一概不退,章泉遂找到县政府办公室反映此事。县政府办公室能为章泉处理这起纠纷吗?

县政府办公室不能为章泉处理这起纠纷。

根据消费者权益保护法的有关规定,章泉可以通过以下几条途径维护自己的合法权益:

(1)和解。也就是我们时常所说的"私了",就是消费者和经营者自行协商解决。但应注意,侵害案件已构成犯罪,如喝假酒致残或身亡,则不能私了,应由有关司法机关处理。

(2)调解。调解是通过调解人出面协调解决消费者、经营者之间的纠纷。发生消费纠纷后,消费者首先可以向消费者协会投诉,由消费者协会出面调解,当然也可通过其他人出面调解。

(3)申诉。发生消费纠纷后,消费者可以向相应的行政机关提起申诉,请求解决,比如经营者因未明码标价引发纠纷,可向物价管理部门申诉。行政部门受理申诉后,可以召集双方调解,对违法行为,还可进行行政处罚。

(4)仲裁。这种方式使用得比较少,因为选择仲裁必须有一个前提条件,即消费者与经营者之间必须有仲裁协议。仲裁协议可以是消费者与经营者在仲裁合同中签订的, 也可以是在消费纠纷发生后双方补签的。仲裁委员会根据仲裁协议受理消费纠纷。

(5)诉讼。也就是常说的打官司,消费者可以到法院起诉,由人民法院依照法律规定予以处理。

## 3. 买到假农药怎么办?

1997 年 4 月,王某等 30 户农民从县农药服务公司购买了某农药厂生产的乳油农药。广告称该农药含有高效杀虫剂、杀菌剂和植物生长剂,有"一喷三防"的功效。但 30 户农户喷洒该农药后,近 200 亩小麦叶片大面积变黄、麦芒变白,造成小麦减产。王某等认为县农药服务公司在向他们出售农药时有欺诈行为,要求其按消费者权益保护法规定加倍赔偿。县农药服务公司却认为, 王某等农户购买农药不是为了生活需要,而是为了从事农业生产的需要,所以不属于消费者,从而也不应受消费者权益保护法的保护。王某等农户受消费者权益保护法的保护吗?

消费者是指为生活消费需要而购买、使用商品或者接受服务的人。消费者购买、使用商品或接受服务的目的是直接满足生活需要,而非生产需要。这是区别消费者和非消费者的根本标准。农民购买、使用直接用于农业生产的生产资料,在性质上就属于生产消费。这时如按该标准来判断,农民就不属于消费者,不应受《消费者权益保护法》保护。但是由于我国农业生产力水平较低,农民因购买、使用假种子、假农药等假劣农用生产资料经常受到坑害,又缺乏适当的救济途径,因此,《消费者权益保护法》在第54条特别规定,农民购买、使用直接用于农业生产的生产资料,参照本法执行。这样,农民购买、使用直接用于农业生产的生产资料,或者接受直接用于农业生产的服务,都纳入到了消费者权益保护法的保护范围之内,购买、使用农药的农民也属于消费者。因此,王某等30名农户应受消费者权益保护法的保护。

## 4. 农民购买粉丝机,是否属于消费者?

农民梁某以2500元从江苏扬州某机械厂买回一台自熟粉丝机用于经营。产品说明书上载明:此机可彻底解决低效粉丝机的通病,即熟化程度不高、韧度不够、入锅即糊、不能久煮的缺陷。梁某花1000余元购来原料,按照产品说明书规定的使用方法,试煮了一锅粉丝,谁知下锅即糊并断丝。梁某要求厂方加倍赔偿,即赔偿购机费5000元,并承担原料费1000元,但遭到厂方拒绝,梁某即依照消费者权益保护法的规定向法院起诉。那么,法院能支持梁某的请求吗?

消费者为生活消费需要购买、使用商品或者接受服务,其权益受消费者权益保护法保护。本案例中梁某购买粉丝机是用于经营,用于生产需要,而不是用于生活消费,因而不属于消费者。虽然说明书与产品质量不符,扬州某机械厂存在欺诈行为,但本案不属消费者权益保护法调整,即不能按消费者权益保护法规定的加倍赔偿原则处理。也就是说,梁某不能要求扬州某机械厂加倍赔偿。本案只能适用《产品质量法》,扬州某机械厂应赔偿梁某 2500 元购机款和原料款 1000 元,粉丝机、原料则交由机械厂处理。

## 5. 衣服试穿就得买吗?

徐杰与张红马上就要举行婚礼,两人商量决定去商场买结婚礼服。到了服装店后,营业员小姐笑容满面地为他们推荐。张红看上了一件红色上衣,便穿上试了试,但她又觉得不合适,换了一件又试,仍然不中意,两人决定到别处看看。营业员小姐见他们不买自家衣服,眨眼间便拉长了脸:"穿了试,试了穿,试穿了就得买,不买就别想走。"徐杰满脸不高兴地回了一句:"我们试试衣服就非得买,怎么能叫做'试',你也太不讲理了。"一方要卖,另一方不买,双方争吵起来。

　　试穿就得买吗？我国《消费者权益保护法》第9条明确规定："消费者享有自主选择商品或者服务的权利。消费者有权自主选择提供商品或者服务的经营者，自主选择商品品种或者服务方式。自主决定购买或者不购买任何一种商品，接受或者不接受任何一项服务。消费者在自主选择商品或者服务时，有权进行比较、鉴别和挑选。"这里的自主，是指消费者的消费行为不受来自各方面的干扰，自己决定自己的事情。经营者让消费者试用商品，是对商品的一种推荐方式，消费者有权进行比较、鉴别和挑选，更有权利决定购买或者不购买。因此，试穿不一定就要买。农民朋友，如果您有着同样的遭遇，一定要据法力争，必要时可找工商部门或消费者协会处理。

### 6.产妇住院,医院搭售奶粉合理吗?

　　产妇杨某在县人民医院住院生下一男孩，医务人员将一包奶粉当药品一样地发给杨某，杨某不解地说，我自己有奶，不需要奶粉。医务人员不耐烦地说："不是你一个人要买，在本院生产的所有产妇都要买，这是我院的规定。"医院的上述做法合理吗？

　　医院搭售奶粉的做法不合理。

　　搭售，是指经营者利用其在某一方面的优势，把一种商品或服务附着于别的商品或服务一起出售。这种强迫消费者购买自己不需要的商品的做法,严重地侵犯了消费者的自主选择权。消费者权益保护法规定,消费者有权自主选择商品品种或者服务方式。搭售行为是一种不正当竞争行为。我国反不正当竞争法规定:经营者销售商品,不得违背购买者的意愿搭售商品或者附加其他不合理的条件。因此,不征得消费者同意,医院强行搭售奶粉,是不合理的,杨某有权拒绝接受,还可以要求医院赔偿损失。同时,杨某还可向工商行政管理部门、卫生管理部门投诉,责令医院改正。

**7. 顾客被殴打,旅社袖手旁观,应否承担责任?**

1997 年 1 月 17 日,浙江个体户谢某到福建晋江市联系业务,住宿在该市某旅社 515 房间。当晚 11 时 50 分,谢某外出回来,经过四楼走廊时,被一突然窜出的陌生男子拦腰抱住。谢某大声呼救,与其展开搏斗。在谢某呼救时,闻声赶来的该旅社服务人员和保安人员有十几人之多,但无一人上前阻止,致使谢某被殴打十几分钟,打得遍体鳞伤,精神受到了强烈刺激。陌生男子打人后逃窜,谢某在找不到打人的陌生男子的情况下,向法院起诉,要求该旅社赔偿损失。该旅社应向谢某赔偿损失吗?

《消费者权益保护法》第 11 条规定:消费者因购买、使用商品或接受服务受到人身、财产损害的,享有

依法获得赔偿的权利。谢某住该旅社后,成为一名消费者,即与该旅社形成了契约关系,其人身安全理应得到旅社的必要保护。谢某被殴打时旅社工作人员在场,且明知谢某是顾客,却没有及时加以制止,采取了不作为的态度,侵犯了谢某的合法权益,理应向谢某赔偿。法官对该旅社进行了教育,使他们认识到没有依法履行义务的行为是违法的。在法院的主持下,该旅社与谢某达成了赔偿谢某2000元损失的调解协议。

### 8."衣冠不整,恕不接待"合法吗?

　　某镇农民冷秋的儿子在距西安30公里的一所大

学读书,由于儿子功课紧,一年多未回家,冷秋就决定去西安看望儿子。这天到达西安时,天色已晚,冷秋来到某宾馆准备住宿,保安人员见他满面风尘,穿得也较寒酸,就挡住他,指着旁边的一块牌子说:"你看见这块牌子吗?上面写着'衣冠不整,恕不接待',我看你不要进去为好。"冷秋气呼呼地答道:"你只看我穿得寒酸,认为我付不起房钱吧,告诉你,你不让我住我偏要住。"为此双方发生争执。宾馆"衣冠不整,恕不接待"的告示合法吗?

　　宾馆的这种做法是违法的。对经营者来说,顾客就是上帝,而"衣冠不整"是对消费者的侮辱和诽谤,违反了消费者权益保护法关于消费者在接受服务时,

享有人格尊严得到尊重的权利的规定。另外,这种做法还侵犯了消费者的自主选择权。《消费者权益保护法》明确规定,消费者享有自主选择商品或服务的权利。宾馆拒绝提供服务,剥夺了消费者的选择权。所以说,宾馆打出"衣冠不整,恕不接待"的告示是一种不文明的行为,也是一种违法行为,应予以纠正。

### 9. 能随便对顾客搜身吗?

1999 年 2 月 1 日,某镇农民张某进城购买年货,走到一家超市门口时,看见商场内有许多人在自由地选购商品,也顺着人流进了商场。当张某拿着选购好的商品到店门口付款时,商场一保安人员看见张某的衣袋鼓鼓囊囊,怀疑张某把其他商品藏在里面,便上前盘问。张某当即否认衣袋内藏有商品,双方互相争吵起来。张某欲离开商场时,遭到商场几个保安人员的阻拦,后被带到商场保卫科遭到强行搜身。但张某身上并未发现藏有商品。保安人员及商场负责人随即就向张某赔礼道歉。张某觉得受到污辱,要求商场赔偿损失,但商场负责人不同意赔偿。张某为了维护自己的合法权益不受侵犯,将商场告上了法庭,要求商场公开赔礼道歉, 恢复名誉, 并赔偿精神损失费20000 元。

法院经审理认为,商场在经营过程中,对顾客张某无端怀疑、搜查,该行为侵犯了顾客的人身权、名誉权,属违法行为。我国《消费者权益保护法》第25条明确规定:"经营者不得对消费者进行侮辱,不得搜查消费者的身体及其携带的物品,不得侵犯消费者的人身自由。"据此法院判决商场向张某公开赔礼道歉,并赔偿精神损失费3000元。

## 10. 购物索要发票应加税款吗?

一天下午,农民姜某到县百货公司购买电饭煲,经双方讨价还价,以110元价格成交。姜某付了款后,向售货员索要发票,售货员说:"如果开发票,应加8%的税,你再给8.8元,我才给你开发票。"到商场购物索要发票果真应加税款吗?

消费者购物索要发票不应再交税款。发票是财务收支的法定凭证,是缴纳税款的依据,可以防止经营者逃税。对于消费者来说,发票记载了买卖合同或服务合同的基本内容和证明合同的履行情况,为双方日后可能发生的商品或服务质量等方面争议的处理,提供了基本的依据。为了强调对消费者权益的保护,我国《消费者权益保护法》第21条规定,消费者索要购货凭证或者服务单据的,经营者必须出具。就是说,经营者不得以任何理由拒绝出具发票。消费者向经营者索要发票,经营者必须出具,这是经营者的法定义务。

因此,售货员不能要求消费者补加税款才出具发票。

### 11."商品出门,概不负责"的告示无效

消费者喻某于 1998 年 7 月在某百货大楼购买了一台收录机,百货大楼为其开具了正式发票和"三包"凭证。喻某在使用过程中常卡磁带,于是到百货大楼要求调换。售货员指着柜台上"商品出门,概不负责"的告示,称消费者在购买收录机的同时,即是承认了这一条款,所以不同意为其换货。你认为喻某能换货吗?

"商品出门,概不负责"的告示是经营者的单方行为,它违反了国家关于要求经营者对其所售商品质量负责的规定,不具有法律效力。在我们日常生活中,经常会见到经营者利用通知、声明、店堂告示等对消费者作出不公正、不合理的规定。像上文中的"商品出门,概不负责"的告示就是其中的一种,实际上它免除了商家对商品质量负责的担保义务,企图利用店堂告示来减轻或免除其对侵害消费者合法权益应承担的责任。对这些侵害消费者合法权益的行为,我国消费者权益保护法明确规定,经营者不得以格式合同、通知、声明、店堂告示等方式作出对消费者不公平、不合理的规定,更不能以此为由减轻、免除其损害消费者合法权益应当承担的民事责任。格式合同、通知、声明、店堂告示等含有上述内容的,应属无效。"商品出门,概不负责"的告示损害了消费者喻某享受"三包"的权利,是无效的,所以百货大楼应向喻某履行"三包"义务。

## 12. 邮购商品未按约定供货,消费者可否要求换货?

农民肖某,是一位贫困户,一日在报纸上看见一则信息广告,宣称红花果是名贵药材,种此果经济效益甚高,某科技服务中心有红花果种出售,每粒售价8元, 成活率100%。致富心切的肖某看到这则信息后，向某科技服务中心邮寄400元购买50粒红花果种子，一个月后，他收到了某科技服务中心寄来的种子。因自己对药材方面的知识掌握不多，他拿种子到镇农科所请人鉴定，结果却被证明是天麻种。肖某遂要求某科技服务中心换货。那么，邮购商品未按约定供货，消费者可否要求换货？

在这种情况下，经营者应当给消费者按约定换货，并承担消费者必须支付的合理费用。邮购是经营者和消费者之间通过邮局邮递进行的一种特殊的商品交易行为，经营者与消费者之间实际上是签订了邮购合同，双方都必须按约定履行合同义务，并享有相应权利。我国《消费者权益保护法》第46条规定：经营者以邮购方式提供商品的，应当按照约定提供。未按照约定提供的，应当按照消费者的要求履行约定或者退回货款，并承担消费者必须支出的合理费用。本案例中，由于某科技服务中心将天麻种当成红花果种邮寄给肖某，属未按约定供货，肖某既可要求其退回货款，也可要求其继续履行约定。因此，某科技服务中心应按肖某的要求进行换货。

## 13. 迟到的电报

河南省宜阳县柳泉镇鱼泉村少年赵东坡年仅16岁，流落到广州。因赌博被巡警抓获。由于无身份证被遣送收容站。该站在了解了赵的家庭情况后,于7月14日给赵东坡之父赵聚水发电报一封,电文载明:"赵东坡被收容。限7月26日前带证件交620元保领,逾期后果自负。收报人柳泉镇鱼泉村16组赵聚水。"宜阳县电信局抄收该报时,将"赵聚水"错译为"赵继水",导致电报16天之后才送到赵东坡父亲手中。

赵东坡的父亲赵聚水收到电报后来到收容站,被告知规定保人时间已过,赵东坡要求自己返乡,已于8月2日离站自行返乡。赵聚水急返回家后,发现儿子并未回家。过了不久,赵聚水再次踏上了南下寻子的征程,但仍没有半点收获。

无奈之下,赵聚水向法院提起诉讼,将宜阳县电信局推上了被告席。要求被告赔偿其寻子交通费、误工费等经济损失。对这份迟到的电报给赵聚水带来的损失,县电信局应否赔偿呢?

法院审理认为,电信局将电文译错,造成电报未能及时送到赵聚水手中,对其过错应承担相应的民事赔偿责任。

法院最后判决由宜阳县电信局赔偿赵聚水2578.40元。

## 14. 展销会期间售出的商品，质量责任由谁负？

严某在天才开发公司和图利机械供销公司共同主办的"摩托车产品"展销会上购买了一辆某摩托车经销部销售的摩托车，使用两个月后，该车经常出现异常响动，便送至某摩托车修理厂检修。该厂工作人员在检修中发现这辆车的变速箱陈旧，外壳有焊接、粘接痕迹。严某想要找销售方退货，可又苦于销售单位离当地有几百里远，自己又未出过远门见过世面。正不知如何是好时，有人告诉严某，直接找展销会主办单位要求退货即可，不必外出到某摩托车经销部要求退货。

严某找到两举办单位后，他们却认为，他们不是该摩托车的直接销售者，消费者应向直接销售者要求退货。严某便到县消费者协会投诉。

消费者协会受理投诉后，认为严某的要求合理合法，便找到两家主办单位，并对他们指出：按《消费者权益保护法》规定，消费者在展销会购买商品，其合法权益受到损害的，可以向销售者要求赔偿。展销会结束后，可以向展销会的举办者要求赔偿。因此你们两家主办单位应该满足投诉人的要求，当然，你们在赔偿后，有权向销售者追偿你们赔偿的损失。经过消协做大量的工作，两主办单位终于将购车款退还了严某。

## 15. 出借营业执照造成消费者损害的，消费者如何索赔？

　　江某在某镇租了一间门面，开了一家种子店，辛辛苦苦几年，收入仅能维持全家基本生活。听人说县城经营游戏机能赚大钱，便关了种子店转行到县城开了一个游戏厅。无业人员李某见江某种子店无人经营，便找到江某要求将店面转租下来，并要江某将营业执照借给他用。经双方协商，最终李某给了江某转租费3000元，营业执照出借费500元，江某把营业执照借给了李某使用。1996年7月，李某从湖南等地进了一批假种销售，造成当地25户农户绝收，25户农户向李某索赔，李某指着墙上的营业执照说："店主是江某，我是替他打工的，你们找他去。"这25名农户应向谁索赔呢？

　　营业执照是工商行政管理机关颁发的允许经营者经营的凭证，只有依法办理了营业执照后，才能进行经营活动。李某未办营业执照，但借用江某的营业执照后，就使用该营业执照进行经营。对使用他人营业执照进行经营、损害消费者合法权益的行为，我国消费者权益保护法明确规定，消费者可以向使用他人营业执照的经营者要求赔偿，也可以向营业执照的持有人要求赔偿。据此，这25名农户既可向使用营业执照的李某索赔，也可以向营业执照的合法持有人江某索赔。

### 16. 消费者染发成脱发,欲靓难靓讨说法

杨某系个体司机,一天,他来到某镇一家理发店染了发,谁知回去后,第二天皮肤就出现了红斑,头发也开始脱落,不到一星期,他额上的头发几乎全部掉光。年轻人讲漂亮,可这突如其来的变故使他欲靓不成反添烦恼,只好赶快到医院去诊治。医院诊断结果为接触性皮炎伴脱发。杨某拿着医院诊断书,来到消费者协会投诉,希望能为自己讨个说法。

消协的工作人员接到投诉后,迅速赶往理发店调查。理发店主对杨某来店染发一事并不否认,但对杨某皮炎伴脱发这种病是在染发后产生提出异议。

杨某愤怒地说:"我如果患了皮肤病,还去染发,这是拿自己的健康当儿戏,是绝对不可能的。"消协的工作人员经过调查后,认为杨某投诉情况属实,理发店没有尽到《消费者权益保护法》第18条规定的义务,即没有达到经营者应当保证其提供的商品或者服务符合保障人身、财产安全的要求。经过耐心说服教育,终于使双方达成了协议:由店主一次性向投诉方赔偿损失1000元。

## 17. 文眉造成感染,美容院是否应赔偿?

辽宁省女青年郭某见周围许多姐妹文眉后既修补了原有眉型的不足,显得妩媚靓丽,又省却了每天描眉化妆的烦恼,决定去文眉。1999年4月,郭某来到某镇刘丽清开的美容院做立体文眉。可自文眉之后,文眉处反复感染发作,肿胀不消,流脓流水。无奈之下郭某找到美容院老板刘丽清,要求其处理好伤口。刘丽清见状也毫无办法,只好同意免费为郭某洗眉。但免费洗眉之后,文眉创面仍未愈合,郭某天天忍受着肉体和精神的折磨。郭某遂要求刘丽清赔偿其因文眉感染造成的经济损失和精神损害。那么,美容院的老板刘丽清应否赔偿郭某的损失呢?

本案中美容院的老板刘丽清应向郭某赔偿医疗费和精神损失费。

经营者应当保证其提供的商品或者服务符合保障人身、财产安全的要求。否则,造成消费者或者他人人身伤害的,应当支付医疗费、治疗期间的护理费、因误工减少的收入等费用;造成残疾的,还应当支付残疾者生活补助费、残疾赔偿金以及由其抚养的人所必需的生活费等费用。郭某作为一消费者接受服务,经营者刘丽清应保障消费者的人身权益不受侵害。但本案中郭某系文眉感染,部分影响面容,需继续治疗,而且身心受到了一定的损害,故刘丽清应向郭某赔偿医疗费包括今后治疗所需费用和精神损失费。

## 18.“买一送一”,商家是否应承担质量责任?

某镇一商场为了促销,在元旦开展了一场让利促销活动,规定凡在该商场购买600元以上商品可以赠送价值100元的皮鞋一双,同时声明所有赠送的商品一律不退。农民李某在该商场购买了700余元商品,获得赠送的一双皮鞋。回家后,李某发现赠送的皮鞋有脱胶等质量问题,便要求商场退换该皮鞋。商场以该皮鞋属赠送物品为由而不同意退换。李某觉得吃了亏,经人指点,向该镇人民法院提起了诉讼。法院认为, 商场为了促销将皮鞋赠送消费者并不是无偿的,而是建立在消费者购买该商场的商品的基础上,所赠皮鞋实际上已包含在消费者所购买的商品利润中,从而使该双所赠皮鞋具有买卖关系,该双皮鞋实质上也是商品。消费者在购买商品时,当然关心所购商品的质量,希望得到合格的赠品。如果知道该双皮鞋不合格,也许根本就不会购买这么多商品。

至于商场"所赠商品一律不退"的声明,违反了《消费者权益保护法》第20条的规定:"经营者不得以格式合同、通知、声明、店堂告示等方式作出对消费者不公平、不合理的规定。"因此,该声明是无效的。

另外,我国产品质量法规定,销售者应当执行进货验收制度,保证销售产品的质量。产品出现质量问题,应当负责修理、更换、退货、赔偿损失。因此,商场对所赠皮鞋的质量问题应承担法律责任。据此,法院支持了李某要求更换该双皮鞋的诉讼请求。

## 19. 经营者提供格式合同,模糊条款的解释应利于消费者

某市郊区农民徐利与市房产公司签订一份买卖商品房合同,由房产公司提供格式合同,合同约定:由房产公司预售一套商品房给徐利,价格为80000元,预付40000元,余款在交房时付清;交房时间为1999年8月底以前,若逾期交房,逾期20天内房产公司必须每日交违约金100元,超过20天以后按总房款的千分之三计算。徐利在合同上签了字之后,如约预付

40000元,并且在8月底交清了余款40000元。但房产公司因工程进度拖延,未能在8月底如期交房,直到10月20日才得以交付该房。徐利以房产公司违约为由要求其支付违约金,违约金应为逾期20天内计2000元,再加上20天后每日按总房款的千分之三计算到10月19日的违约金7200元。而房产公司则认为,依售房合同约定,逾期20日后的违约金应是总房款的千分之三,而不是每日千分之三。双方都说各自的解释是正确的,为此争执不下。徐利的要求合法吗?

这份售房合同中有关违约金的格式条款因用语不明确而产生两种解释:一种解释为"逾期20天后按每日千分之三计算违约金",另一种解释为"不管逾期多少天都是按总房款的千分之三计算一次"。《中华人民共和国合同法》第41条规定:"对格式条款有两种以上解释的,应当作出不利于提供格式合同一方的解释。"本案中提供格式合同的是房产公司,故应作出利于消费者徐利的解释,即按第一种解释,逾期20天后按每日千分之三计算违约金。因此,徐利的要求是正当的。

## 20. 实行"三包",商家有责

1998年5月7日,洪某从县家电公司花1700元购买了一台冰柜,家电公司为洪某开具了发票和"三包"凭证。1998年7月3日,洪某发现冰柜不制冷,遂与家电公司联系保修,家电公司售货员拿出与冰箱厂签订的合同给洪某看,说明公司售出某冰箱厂生产的商品的修理、更换、退货均由冰箱厂负责,要求洪某找厂家维修。洪某难道只能找厂家保修吗?

销售者即县家电公司应对这台冰柜负责保修。

《消费者权益保护法》第23条规定,经营者提供商品或者服务,按照国家规定或者与消费者的约定,承担包修、包换、包退或其他责任的,应当按照国家规定或者约定履行,不得故意拖延或者无理拒绝。国家经济贸易委员会、国家技术监督局、国家工商行政管理局、财政部联合印发的《部分商品修理、更换、退货责任规定》进一步指出,列入目录的产品实行谁经销谁负责的"三包"原则。销售者与生产者、销售者与供货者、销售者与修理者之间订立的合同,不得免除本规定的"三包"责任和义务。洪某购买的冰柜系国家《实施三包的部分商品目录(第一批)》中所列商品之一,而且尚在"三包"期内,虽然县家电公司与某冰箱厂有合同约定其不负责售后"三包"责任的条款,但该条款违反了国家有关法律、法规的规定,应认定为无效条款。所以县家电公司应对洪某购买的冰柜承担保修责任。

## 21. 换货后"三包"期应重新计算

农民胡某 1995 年 10 月 5 日从某商场购买了一台彩电,商场为其出具了发票和"三包"凭证,保修期为三年。彩电使用 10 个月后,突然出现"啪啪"的响声。胡某送去当地维修站维修,拿回家没几天又发出"啪啪"的声音。胡某于是找到某商场要求调换一台,商场于 1996 年 9 月 7 日帮其调换了一台新彩电,并在原发票的背面注明更换了一次后加盖了公章。1998 年 12 月份,该台电视机出现雪花点,胡某又将该机送至当地维修站维修, 维修站人员说道:"你这彩电 10 月份就过了'三包'有效期,要修的话,你要出修理费。"洪某只好又找到某商场要求保修,商场也以此为由拒绝保修。洪某购买的彩电过了"三包"有效期吗?

我国消费者权益保护法规定,经营者提供商品或者服务,应当承担"三包"责任,其目的就是加强对消费者权益的保护。对于换货后产品的"三包"期限,《部分商品修理更换退货责任规定》第 14 条有明确规定,即换货后的产品"三包"有效期限自换货之日起重新计算。该规定还明确要求销售者在发票背面加盖更换章。之所以作这样的规定,是因为造成换货是由于产品存在缺陷造成的,消费者自身并无过错。洪某购买的电视机的"三包"有限期应自换机之日即 1996 年 9 月 7 日重新开始起算,期限仍为三年。1998 年 12 月份,并未超过"三包"有效期,某商场应负责为洪某维修彩电。

## 22."三包"有效期不应包括维修时间

某镇村民余某于 1998 年 9 月 10 日在该镇家电经销部购买了一台 VCD 影碟机,经销部为其开具了有效发票及"三包"凭证,"三包"有效期为一年。使用3 个月后,该机图像失真。1998 年 12 月 15 日,余某将影碟机送到家电经销部维修,1999 年 2 月 15 日取回。但用到1999 年 10 月 15 日,该机又出现了同样的故障,余某又将影碟机送到经销部维修,但这次该经销部以已过维修期为由拒绝维修。余某心想,上次维修就花了两个月,真正使用还不到一年,觉得自己吃了亏。这个亏余某一定得吃吗?

"三包"有效期是指经营者按国家规定或者与消费者的约定,承担包修、包换、包退责任的期限。"三包"有效期自开具发票之日起计算,其间应扣除修理占用和无零件待修的时间。余某购买影碟机的"三包"有效期自 1998 年 9 月 10 日起计算,到 1998 年12 月 25 日止有 3 个月 15 天,然后进行了两个月的维修。因修理占用的时间应从"三包"期内扣除,所以"三包"期只能从1999 年 2 月 15 日起继续计算。至1999 年 10 月 15 日,余某购买影碟机应享受的"三包"期总的算起来只有 11 个月 15 天,并未超过"三包"有效期一年。因此,该镇家电经销部应负责对余某的影碟机进行维修。

### 23. 对已过保修期商品的投诉，消费者协会会受理吗?

江某于 1994 年 5 月 5 日在镇供销社购买了一台彩电,1998 年 7 月电视机突然没有图像,江某于是要求该镇供销社负责维修。供销社的售货员告诉江某自购买至现在已超过三年保修期, 所以不同意修理,江某找到消费者协会进行投诉。那么,消费者协会应否受理江某的投诉?

消费者协会不能受理江某的投诉。

消费者协会是依法成立的对商品和服务进行社会监督和保护消费者合法权益的社会团体。消费者协会主要受理下列投诉: 受理消费者受到损害的投诉;受理消费者对经营者未履行法定义务的投诉;受理农民购买、使用直接用于农业生产的种子、化肥、农药、农机等生产资料时权益受到损害的投诉。消费者协会不受理下列投诉:经营者之间购、销活动方面的纠纷;消费者个人私下交易纠纷;商品超过规定保修期和保证期而产生的纠纷;商品标明是"处理品"(没有真实说明处理原因的除外)的;未按商品使用说明安装、保

管、自行拆动而导致商品损坏或人身危害的；被投诉
方不明确的；争议双方曾达成调解协议并已执行，没
有新情况、新理由的；法院、仲裁机构或有关行政部门
已受理调查和处理的；不符合国家法律、法规有关规
定的。

在本案例中，江某购彩电已超过国家规定的三年
保修期，对因此而产生的纠纷，消费者协会不予受
理。

## 24. 按批发价销售就不执行"三包"吗？

某镇农民胡某在家开了一南货店，为达到兼做冰
棒生意的目的，托熟人到县五交化公司按批发价
1700元买了一台××牌卧式冰柜。购买后不到三个月，
冰柜便不制冷，胡某多次找县五交化公司要求维修。
五交化公司答复说："你这台冰柜是托熟人以批发价
购买的，我们未赚你一分钱，所以我们不会执行'三
包'。"胡某遂向县消费者协会投诉。消协会支持胡某
的请求吗？

消协应当支持胡某的请求。胡某在购买了冰柜后
便成为了消费者，可享有消费者的权利。是否以批发
价购买，并不影响消费者权利的成立。《消费者权益保
护法》第45条规定：对国家规定或者经营者与消费者
约定包修、包换、包退的商品，经营者应当负责修理、

更换或者退货。1995 年 8 月 25 日国务院有关部委发布了《部分商品修理更换退货责任规定》,该规定中冰柜属实施"三包"的商品,实行"三包"的商品一旦发现有问题,消费者就可向经销者要求修理、更换或退货。县五交化公司以冰柜是按批发价销售为由拒不承担"三包"义务是没有法律依据的。

### 25."三包"有效期内,维修者收取材料费应当吗?

湖南湘潭某地农民李某,1997 年 7 月花了 3900元在湘潭购买了上海某无线电厂生产的 25 英寸彩色电视机一台。使用 5 个月后,电视机收不到图像,李某于是来到指定维修点进行维修。过了几天,李某去取货,维修点的工作人员要李某付 300 元材料费。李某不解地问:实行"三包"且在"三包"有效期内为啥还要出材料费。修理者解释说:"在三包期间不收你的工时费,材料是我花钱买的,当然应由你出钱□ 。""三包"有效期内维修者能收取材料费吗?

李某购买的彩色电视机,是国家规定包修、包换、包退的商品,根据消费者权益保护法的规定,经营者应当负责修理、更换或退货。指定维修点的修理者既然接受了生产者或经营者的委托,就应该承担包修的责任。《部分商品修理更换、退货责任规定》第 15 条第1 款规定,在"三包"有效期内,除因消费者使用保管不当致使产品不能正常使用外，由修理者免费修理（包括材料费和工时费）。因此，本案修理者向李某收取材料费是不对的。

## 26."三包"任凭消费者选择吗？

1998年8月1日，肖民在县商业大楼花210元购买了一台落地式电风扇，商店为他办理了"三包"凭证。但售后第十天电风扇就跳档，于是他来到县商业大楼要求退货。售货员小张对他说："这是小毛病，只要放在我们这里修一下就会好的。"肖民认为这种电风扇没几天就坏了，质量肯定不行。就说："我这台电风扇不是实行'三包'的吗？'三包'就是包修、包换、包退，我可以任意选择，我要求退货。"肖民的说法正确吗？

肖民的说法是不正确的。"三包"是对售出的商品实行包修、包换、包退服务，但并不等于让消费者随意选择。按"三包"规定，产品售出后7天内发生性能故障，可以要求退货；产品售出15天内发生性能故障，可以要求换货或修理。肖民购买的电风扇在售出第十天损坏，只能要求换货或修理。

但是，在"三包"期内，修理两次仍不能正常使用的，凭修理者提供的修理记录和证明，可以向商家要求换货或退货。

## 27. 没有"三包"的产品,就无须保证质量吗?

消费者冯某于 1995 年 9 月 10 日到该镇供销大厦花 300 元购买了一台抽油烟机,在使用过程中,发现有时一只叶轮竟然不转。冯某向供销大厦要求退货,但售货员答复说该种商品不在"三包"之列,不同意退货。双方发生争执,后冯某向县消费者协会投诉。

消费者协会将抽油烟机送到县技术监督局检验。经检验确定该产品不具备同类产品的质量要求。县消费者协会工作人员来到供销大厦,指出其销售的抽油烟机为不合格产品,应当负责退货,经消费者协会工作人员耐心说服,该供销大厦终于向冯某退回了300元购机款,并承担了检验费 50 元。

我国消费者权益保护法规定,经营者应当保证在正常使用商品或者接受服务的情况下,其提供的商品或者服务应当具有的质量、性能、用途和有效期限。这表明,即使经营者对其提供的商品或服务无任何承诺,或者国家对此无任何其他规定,经营者仍应保证其提供的商品或服务具备该类商品或服务通常具有的质量、性能、用途和有效期限,否则就要依法承担相应的法律责任,即负责修理、更换、退货和赔偿给消费者造成的损失。因此,供销大厦认为没有实行"三包"的产品就无须承担质量责任的想法是错误的。

## 28. 售货单位已变更,谁负"三包"责任?

1996 年 7 月,农民江祥从该县家电经销部购买了一台"赣新"牌 21 寸彩电,价款 2000 元,购买时该经销部为其出具了发票和"三包"凭证,约定经销部对整机包修一年,主要部件包修三年。江祥买回后使用不到半年,彩电即发生故障,荧屏中间有一条横线,并伴有雪花点。江祥即找经销部要求处理,经销部表示同意维修,但目前没有零件,等两个月再说。两个月后,江祥又来到该经销部要求修理,但发现门口挂的牌写着"某公司家电分公司"的名称,江祥于是找到原经销部的负责人,该负责人告诉他:"原家电经销部已被某公司兼并,成为其下面的一个分公司,原家电经销部现在没有了,以前所承诺的'三包'义务没有人承担。"江祥找分公司的负责人要求修理,该负责人称:"我公司又未承诺为你实行'三包',怎能为你包修呢?"那么到底谁应该承担这个"三包"的义务呢?

原家电经销部承诺为江祥所购电视机实行"三包"服务,这是该经销部的一个义务。由于家电经销部被某公司兼并,并成立了某公司家电分公司,变更后的家电分公司就承受了原经销部的权利、义务,这时家电分公司应对原经销部的权利、义务负责。既然江祥购买电视机时家电经销部负有"三包"义务,那么在家电经销部变更为某公司家电分公司后,该分公司就应承担原家电经销部负有的"三包"义务。因此,某公司家电分公司应承担为江祥所购电视机实行"三包"的义务。

### 29. 使用十年的电视机伤人,责任自负

1987年3月7日,某县农民徐某在县五金公司购买了一台黑白电视机,虽多年使用,该电视机从未出现过故障。1998年11月5日晚,徐某一家正围坐在电视机旁观看电视时,电视机突然爆炸起火,显像管玻璃荧光屏炸裂的碎片将徐某左脸、左耳划破,花费医疗费用计700余元。徐某找到五金公司要求赔偿医疗费及误工费。五金公司是否该赔偿呢?

五金公司不应该承担赔偿责任。因为徐某使用该电视机已超过10年,超过了法定的10年请求权期限。徐某受到的伤害不受法律保护,法院也不能受案。

随着产品使用年限的增加,产品会老化,其使用的可靠性、安全性会逐渐降低,产品缺陷出现的可能性会加大。如果让用户和消费者无期限地拥有对该产品侵权赔偿的请求权,这对于生产者过于苛刻,加重了生产者承担产品责任的风险,同时也增加了法院审案的难度,因为时间一长不好认定产品缺陷是否由生

产造成。为了解决上述问题,我国产品质量法规定了一个期限,即产品质量侵权损害赔偿的诉讼请求权,在造成损害的缺陷产品交付最初用户,消费满10年后丧失。也就是说,在产品卖给用户消费后,10年之内发生了侵权事故,受害人可以要求赔偿,10年以后,受害人将不能获得赔偿。

## 30."三包"期间产品屡修屡坏怎么办?

贾兴与柳梅快要结婚了,两人来到县钟表店买了一对情侣表。用了不到一个月,柳梅的手表停摆了,两人找到钟表店要求修理。用了两个月,手表又不走了,去找钟表店,钟表店的工作人员依然热情地将她的手表进行了修理。不到半年,柳梅的手表还是停摆,柳梅觉得再修下去还是会坏,便责怪贾兴不该买这种表,贾兴为修表跑前跑后已烦躁不安,听了柳梅的责怪忍不住回了几句,为此小两口相互埋怨起来。

贾兴的弟弟贾旺在外当兵,恰巧回家探亲,见哥嫂为此事赌气,便笑着对哥嫂说:"不就是手表坏了吗?犯不着生气,我们在部队正好学了《消费者权益保护法》,我来给你们讲一下有关'三包'的规定:对于国家规定的'三包'产品,如电视机、摩托、手表之类,如经过两次修理仍不能正常使用的,经营者应当免费调换或退货退款。"柳梅听这么一说,不敢相信地问:"真的可以退货吗?"贾旺笑着说:"我还会骗你们吗?"夫妻俩立即找到钟表店负责人要求退货,负责人还是表示愿继续修理,当贾兴把从弟弟那儿学来的"三包"规定一说,钟表店负责人只好为他们办理了退货手续。

## 31."假一罚十"的承诺具有法律效力吗?

某镇农民孙某于1996年4月5日在县供销大厦购物,看见在商厦的墙壁和柜台上都贴满了"假一罚十"的横条,便花118元购买了一双上海某厂生产的"名牌"男式皮鞋。未穿几天,发现皮鞋严重脱胶,原来是假货。于是孙某去供销大厦要求商厦支付1180元。商厦负责人说:"按《消费者权益保护法》第49条规定,我店最多双倍赔偿你鞋款,我们承诺'假一罚十'仅是一种销售策略而已,不可能赔偿十倍的鞋款。"那么,商家"假一罚十"的承诺具有法律效力吗?

回答是肯定的,即商家"假一罚十"的承诺具有法律效力。这是因为,《消费者权益保护法》第49条关于增加赔偿之规定并不属于禁止性规定,没有规定"增加赔偿的金额最多不得超过消费者购买商品的价格或者接受服务的费用的一倍"。因而不排除双方约定的赔偿办法。我国《消费者权益保护法》第44条规定:"经营者提供商品或者服务,造成消费者财产损失的,应当按照消费者的要求,以修理、重作、更换、退货、补

足商品数量、退还货款和服务费用或者赔偿损失等方式承担民事责任。消费者与经营者另有约定的,按照约定履行。"由于商家自愿承诺承担比法律规定更为严格的法律责任,一旦消费者购买了假货,应遵守约定优先于法定的原则,只要消费者提起诉讼,法院将会支持消费者的请求。

## 32. 遗失托运的包裹,火车到达站应予赔偿

1998 年 7 月 23 日,某县服装个体户周某在武汉进货,购了 50 件夹克衫和 40 套西服。次日,周某购买了回某县的车票,并将购进的服装交该火车站托运,

保价栏填写了价值为 6000 元。周某如数交了运费,并领取了包裹票。周某回家几天后去车站取行李,车站答复行李还未到。周某等过了一个月再去取时,车站工作人员说:"你到发货站找找看,恐怕行李丢失了。"周某遂要求县车站予以赔偿,并退还托运费。你认为周某的要求合法吗?

周某的要求是合法的,县火车站应予赔偿。

周某向火车站购买车票、办理包裹托运手续后,就与承运人形成了旅客运输合同关系,承运人负有按时运送、对旅客的安全负责并妥善保管好旅客托运的行李、包裹等义务。铁路运输企业应当保证旅客和货物运输的安全,做到正点安全到达。如果行李、包裹丢失、损坏或者迟到期限 30 天尚未到达,旅客、托运人和收货人均有权向到站索赔。索赔时应根据运输物品是否保价进行,对保价的运输货物全部丢失时,按实际损失赔偿,但最多不超过保价额。对不保价运输的物品,按实际损失赔偿,但最高连同包装重量每公斤不超过 13 元赔偿限额。因此,周某可要求县车站在保价 6000 元范围内按实际损失进行赔偿,并退回托运费。

## 33. 乘车被撞,谁来赔偿?

邹春于 1999 年 4 月 9 日在吴江市某镇乘坐被告朱

先华的中巴车，途中中巴车与外省李某的货车相撞，致使邹春左眼受伤，经法医鉴定构成伤残。邹春共花医疗费15000元、误工费1600元。交警部门作出的交通事故责任认定书认定李某负本次事故的全部责任，邹春要求朱先华赔偿损失，朱先华拿着交通事故责任认定书，振振有词地说："这次事故由李某承担全部责任，我也是受害者，怎能向你赔偿呢？"那么，邹某应向谁要求赔偿呢？

乘坐的汽车与他方车辆相撞造成旅客人身伤亡、财产损害的，旅客及其家属一般应向公安机关最终认定的责任方要求赔偿全部损失。但如果责任方无力或难以赔偿旅客损失的，可先由承运人赔偿旅客及其家属的损失，再由承运人向责任方追偿。本案中，邹春向朱先华购买车票后，双方即形成了旅客运输合同关系，邹春属消费者，朱先华属经营者，朱先华有义务将邹春安全运输至合同约定地点，但在实际履行中使邹春人身受到损害。《消费者权益保护法》第18条规定，经营者应保障消费者的人身、财产安全，因其提供服务造成消费者人身伤亡、财产损失的，应依法承担赔偿责任。因此，中巴车的车主朱先华应向邹春承担赔偿责任。当然，如果货车车主李某能主动地向邹春赔偿，朱先华就无须再向邹春赔偿，否则，朱先华应向邹春赔偿，再向李某追偿已经赔偿的损失。

## 34. 顾客在浴室摔伤,经营者应否负责?

1999 年 8 月 14 日,南某去镇浴室洗澡,由于浴池附近的地面是平滑的大理石,南某仅走了几步就摔倒在浴池边,致右肋骨两根折断,经医院治疗痊愈,花费医疗费 3000 元。南某多次找浴室的经营者要求赔偿,经营者答复:"是你自己不小心摔倒的,我们不负任何责任。"那么,浴室经营者应否赔偿呢?

浴室经营者对南某应承担赔偿责任。

南某购买好浴票时,浴室经营者就与其形成了服务和被服务的关系。南某是消费者,《消费者权益保护法》规定:消费者在购买、使用商品和接受服务时享有人身、财产安全不受损害的权利。经营者应当保证其提供的商品或者服务符合保障人身、财产安全的要求。对可能危及人身、财产安全的商品和服务,应当向消费者作出真实的说明和明确的警示,并说明和标明正确使用商品或者接受服务的方法以及防止危害发生的方法。南某自购浴票至从浴室洗完澡出来这段时间,浴室的经营者对其人身安全负有责任,应向南某提示大理石很滑,但浴室的经营者未向南某提示,致使南某摔伤。该法第 11 条还明确规定:"消费者因购买、使用商品或者接受服务受到人身、财产损害的,享有依法获得赔偿的权利。其合法权益受到损害的,可以向服务者要求赔偿。"因此,浴室的经营者应向南某承担赔偿责任。

## 35. 受虚假广告之害，应向谁索赔？

爱美的王姑娘到广东某地打工，经济收入尚可，但苦于脸上有几点雀斑挥之不去。一日，王姑娘听见某电台的一则广告，称某除斑美容霜，采用宫廷秘方研制而成，能祛除雀斑，养颜美容，并有能使皮肤粉嫩之功效。于是她花费300元按电台告知的地址邮购了一瓶除斑美容霜，使用后雀斑倒是没有了，但原长雀斑的地方却被这美容霜腐蚀。王姑娘只得到医院进行了治疗，花费医药费450元，而且脸上还添了几条疤痕。为此，她痛苦不已。那么，王某可以向某电台索赔吗？

虚假广告，就是对商品或者服务作虚假宣传的广告。虚假广告最本质的特征就是引人误解，使人对经营者或其生产的商品或服务的质量、数量、价格、用途、性能等与商品或服务密切相关的方面产生错误的认识，从而达到诱导他人购买或接受经营者提供的商品或服务的目的。本案例中，经营者提供防斑美容霜，造成王姑娘损害，某电台发布的广告属虚假广告。对于因虚假广告误导，致使消费者受到损害的，《消费者权益保护法》第39条对确定赔偿主体有明确的规定，即消费者因经营者利用虚假广告提供商品或者服务，其合法权益受到损害的,可以向经营者要求赔偿。找不到经营者,广告的经营者又不能提供经营者的真实名称、地址的,广告的经营者应当承担赔偿责任。本案例中,王姑娘首先应找经营者索赔,经营者应当赔偿。如果找不到经营者,可要求某电台提供经营者的真实名称、地址,如某电台不能提供,王姑娘可向某电台索赔。

### 36. 自行车丢失,保管人应否赔偿?

1998年3月7日晚7时,某镇农民江某骑自行车到县电影院观看电影,将骑乘的自行车放在电影院门口的存车处,并向看车人刘某交纳存车费1元,同时领取一张取车单。晚上10时许,电影散场后江某来到存车处取车时,未找到自己的自行车,断定车被盗了。江某遂向刘某索要,刘某称自己是电影院聘用的临时工,没有理由个人赔偿江某的自行车。那么,江某应向谁索赔?

对江某丢失的自行车,县电影院应承担赔偿责任。江某将自行车存放在电影院门前的存车处,并交纳了保管费,在江某与电影院之间就形成了一种寄存合同关系。刘某是电影院聘用的工作人员,其收取保管费和发放取车单的行为属职务行为,江某并不是与刘某个人发生合同关系。看车的刘某未尽到责任,致

使自行车丢失,后果应由电影院承担,是电影院对消费者未尽到合同义务。消费者权益保护法规定,消费者因购买、使用商品或者接受服务而受到人身、财产损害的,享有依法获得赔偿的权利。因此,电影院在提供服务过程中造成江某的自行车丢失,应当赔偿江某丢车的损失。当然,电影院在承担了对江某的赔偿以后有权再向刘某索赔。

## 37. 在饭店被玻璃砸伤,向谁索赔?

1997年1月5日,正是赶集的日子,黄沙乡农民杨桥早早地挑了一担蔬菜来到了菜市场卖。由于未吃早饭,他便来到黄沙饭店准备吃一份炒粉。当他推开里间的房门准备进去找个位子坐下的时候,门窗上的玻璃突然掉了下来,正好砸着了杨桥的头顶,鲜血流满了杨桥的双脸。杨桥随即被送至医院治疗,共花医疗费300元。痊愈后杨桥要求黄沙饭店赔偿,饭店负责人认为玻璃是自己掉下来的, 又不是人为落下来的,拒绝赔偿,于是双方产生纠纷。那么,饭店应否向杨桥赔偿呢?

黄沙饭店应当赔偿杨桥的全部经济损失。本案中杨桥进去用餐时,被脱落下来的玻璃击伤。对这种方式造成的损害,我国《民法通则》明确规定:建筑物或其他设施以及建筑物上的搁置物、悬挂物发生倒塌、脱落、坠落造成他人损害的,它的所有人或管理人应当承担民事责任,但能证明自己没有过错的除外。由于饭店门窗的所有人或管理人均是黄沙饭店,故黄沙饭店应赔偿杨桥的经济损失。

### 38. 冲洗胶卷被损,照相馆该担何责?

江勇、刘娟于1998年3月16日举行婚礼,为把结婚时的精彩瞬间留住,花50元买了两卷胶卷,用来拍照。第二天,江勇将拍摄的两卷胶卷拿到县照相馆冲洗,预交冲洗费10元。过了几天,夫妻两人兴致勃勃来到照相馆接相片时,发现仅有两张相片,其他都成了黑片。两人便质问照相馆的工作人员到底是怎么回事,工作人员说在冲洗胶卷过程中,保险丝突然烧坏停电,造成冲印机停止工作,胶卷在显影槽内时间过长而损坏。江勇、刘娟认为,拍照把结婚这件大事记录下来,对今后两人的生活有极其重要的意义,现在胶卷被毁,又不可能重照,其损失是难以估算的,遂要求照相馆赔偿损失10000元。双方就赔偿问题未能达成一致意见,江勇、刘娟就向法院起诉,法院会支持他们的诉讼请求吗?

县法院经审理认为,江勇、刘娟把胶卷交到照相馆冲洗,照相馆应妥善保管,并按要求进行冲洗。但因照相馆自身的原因,致使江勇、刘娟的胶卷损坏,照相馆应承担服务不当的责任。鉴于江勇、刘娟的婚礼不能重新举行,致使美好的瞬间不能再现,造成了夫妻一定的精神损害,因此,照相馆还应适当赔偿精神损失费。

该法院根据有关法律规定,作出如下判决:

由照相馆向江勇、刘娟赔偿胶卷价值的5倍即250元,并退回冲洗费10元,另由照相馆支付江勇、刘娟精神损失费5000元。诉讼费用全部由照相馆负担。

## 39. 衣服做得不合身,不要工钱就算了吗?

1999年1月10日,龙潭乡农民谢涛花40元买了一块布料来到该乡李娟开的缝纫店，要求做一条长裤，李娟为谢涛量了尺寸并开具了一张领衣单。十天后，谢涛拿着领衣单来领裤子，试穿发现裤腰太小，要求店主李娟赔偿，李娟表示不收工钱了事，谢涛坚持要求赔偿。为此双方发生争吵。

乡司法所所长途经店门口时，见有人争吵，便走过来，问明事由后对双方说："谢涛拿布料到缝纫店做衣服，李娟向对方出具了领衣单就证明双方之间存在一种服务合同关系，谢涛作为消费者，李娟作为经营者，谢涛有向李娟支付工钱的义务，同时享有要求李娟提供符合约定条件的长裤的权利，李娟享有收取工钱的权利，但同时必须承担提供合乎标准的长裤给谢涛。现在李娟做的长裤不合要求，因此李娟违约，不能收取工钱，并应赔偿谢涛损失40元。"听了司法所所长的这番话，李娟主动向谢涛赔了40元。

## 40. 销售劣质农机，应负责退货

1997年5月7日，刘某在县农机公司购买了一台水稻插秧机。回来后，刘某按照说明书进行试用，发现所插秧苗分株不匀，并时有折断。刘某到县农机公司要求退货，该公司负责人认为质量应由厂家负责，且插秧机又未办理"三包"手续，要刘某找厂家退货。刘某觉得生产厂家距此有一千多公里，来去不方便，遂请农机质量检测中心对插秧机进行质量检测,证实此种型号的插秧机确属不合格产品,这更加强了刘某要求退货的决心,但刘某不知道,退货是否只能找生产厂家?

《消费者权益保护法》第48条规定:依法经有关行政部门认定为不合格的商品,消费者要求退货的,生产者和销售者应当负责退货。从上述规定可以看出,一旦确定所购产品是不合格产品,就可向生产者和销售者的任何一方要求退货,任何一方不得以各种理由拒绝。因此,刘某向县农机公司要求退货是正当的,县农机公司作为销售方应退回刘某的购机款。否则,刘某可向消费者协会投诉或直接向法院起诉。

## 41.产品存在缺陷致人伤亡,生产者应当赔偿

2006年5月,农民张某从县五金经销部购买了山东某气管厂生产的"工农牌"打气筒。2006年8月5日,他在给自行车充气时,气筒活塞推杆反弹迸出,将其头部击中,使他成为"植物人"。经某质量检测中心鉴定,该气筒在设计上没有保护装置,存在不合理的危险,属有缺陷产品。其家属遂找到县五金经销部要求赔偿。县五金经销部拒不承认打气筒是该部卖的,由于张某购打气筒时未索要发票,其家属只好向山东某气管厂索赔。山东某气管厂认为张某受伤是其操作

不当所致,拒绝赔偿。这种情况,生产者应当赔偿吗?

山东某气管厂应承担赔偿责任。本案例中由于"工农牌"气筒有缺陷,气筒的缺陷给张某造成了严重的人身伤害,而且气筒本身的缺陷与张某变成"植物人"之间有直接因果关系。我国《产品质量法》第43条规定,因产品存在缺陷造成他人人身、财产损害的,受害人可以向产品的生产者要求赔偿,也可以向产品的销售者要求赔偿。因此张某家属可代张某向生产者索赔,山东某气筒厂应赔偿张某医疗费、护理费、营养费、伤残补助费等费用。

### 42. 劣质产品造成毁容,应承担精神损害赔偿

1999年5月23日,张女士在收拾屋子中刚买的一箱八宝粥时,突然"砰"地一声闷响,有一瓶八宝粥爆炸,将张女士的左脸炸伤。张女士被送往医院治疗,经检查,左脸被划伤5公分,结果缝了5针,花费医疗费1000元。伤口愈合后,张某面部留下一条长疤痕,为此张某整天痛苦不已。经县质量检测站鉴定,爆炸原因系罐内八宝粥变质后形成压力所致。张某遂找到八宝粥的生产厂家扬州某食品有限公司要求赔偿医疗费、整容费、精神损失费。但该公司仅同意赔偿医疗费、整容费,拒绝赔偿精神损失费。那么,扬州某食品有限公司应赔偿张女士的精神损失费吗?

扬州某食品有限公司应赔偿张女士的精神损害费。

精神损害赔偿是指因经营者提供产品或服务造成消费者人身伤害,使消费者遭受精神痛苦,因而对其加以抚慰的金钱赔偿。劣质产品造成受害人伤亡,不可避免地给消费者及其家人带来巨大的痛苦,应当予以精神赔偿。消费者提出精神损害赔偿要求的,应根据侵权人的过错程度、侵权行为的具体情节、给受害人造成精神损害的后果等情况酌定赔偿数额。张女士由于八宝粥爆炸造成面部毁容,其遭受的精神痛苦是可想而知的。因此,扬州某食品有限公司应给予张某精神赔偿。

## 43. 制销假酒致人伤亡,仅赔偿就完事了吗?

1998 年 6 月份,湖南某镇村民刘仁兴以抵账的方式从他人处得到工业酒精 12.5 公斤。利欲熏心的刘仁兴先后用自家酿的米酒加井水,并掺和工业酒精勾兑成90公斤假酒,之后以每市斤 1.7 元的价格卖给邻村农民阳某等 20 余人,刘仁兴从中盈利 100 余元。阳某等人喝了买的假酒后,均出现中毒现象,其中阳某双目失明。事故发生后,刘仁兴地分别按受害人的要求共赔偿损失 6 万余元,自以为这下总算完事了。

过了不久,公安人员把刘仁兴关起来了,其家属不解地来到公安局问:"我们不是已经对受害人进行赔偿了吗?怎么还要坐牢?"刑侦队的肖队长对家属说:"刘仁兴生产、销售假酒,其行为构成生产、销售有毒、有害食品罪,是要负刑事责任的,致人双目失明,最起码要判10 年刑。你们刚才讲的是他已承担了民事赔偿责任,不能因为承担了民事责任就免除刑事责任,承担了民事责任只能在量刑的时候作为从轻量刑的一个因素予以考虑。刘仁兴及其家人这下彻底明白了:构成犯罪仅仅赔钱是不能完事的,还要受到刑事制裁。

## 44. 假种坑农, 应当赔偿实际损失

1997年3月1日, 某乡大成村农民孙某来到该乡种子专业户陈某处购买种子春播, 陈某告诉孙某有大量V-48杂交稻种出售, 该种子产量很高。孙某认为陈某虽未取得合法种子经营资格, 但已经营种子多年, 相信不会出什么问题, 于是买了10斤谷种。回到村里后, 村中群众向孙某打听谷种从哪里买的, 有14名村民也前往陈某处购得该谷种320公斤。大成村群众于3月下旬开始春播, 企盼丰收的农户时刻关注着禾苗的生长变化, 但只见禾苗高低不齐, 秋收时大部分是瘪谷。经县农技部门检测并取样送省农作物种子质量检测站鉴定认为: 穗头残迹外露率6%; 所检样品为非V-48稻种。与该地区农科所提供的往年产量相比, 平均亩产减收150公斤。这起严重的事件, 引起了该县党委、政府的深切关注, 多次派出协调小组来到该镇对此事件进行调解, 但陈某仅同意赔偿种子款, 拒绝承担农民减产造成的实际损失。8月27日, 大成村15户受灾农户来到法院起诉, 要求陈某赔偿经济损失26000元。那么, 陈某应承担农民减产造成的实际损失吗?

法院经审理认为, 陈某不具备经营种子的合法资格, 却销售假种, 致使众农户造成减产的损失, 应承担赔偿农户损失的责任。遂判决陈某赔偿农户损失

26000元。

　　该法院的判决是正确的。农民购买假冒伪劣的种子而遭受损失的,根据《消费者权益保护法》的规定,可以向假冒伪劣产品的生产者或者销售者要求赔偿。可要求赔偿下列损失:(1) 购货款;(2) 为购货和向造假、销假者索赔所花的费用,包括交通费、住宿费、因误工减少的收入、检验费等;(3)因使用假种造成农作物减产而遭受的损失。

## 45.第三者利用劣种坑农,销售者应当免除责任

　　1998 年 3 月份, 某县枣塘村农民委托农技员李某采购"汕优 63"稻种。李某即到某种子公司购买,种子公司称,"汕优 63"稻种缺货,现只有较差的常规稻种,每公斤 4.6 元。李某觉得有利可图,便购买了 800 公斤。李某回村后,未将实情告知村民,而是按"汕优 63" 稻种每公斤 11 元的价格将购进的劣质种子卖给村民。但播种后,村民们惊愕地发现田里水稻长得七长八短,有的黄梢,有的是稗子,稻种质量造成经济损失达 20 多万元。不合格种子坑农,村民们激愤了! 他们要讨回公道,挽回损失。但向谁索赔呢?是向种子公司索赔,还是向李某索赔?

　　村民们应向李某索赔。本案例中劣质产品造成受害人损失,销售者似乎应当承担责任,但根据有关规

定,产品的质量低下,尚有使用价值时,在一定条件下,即明确声明后是可以销售的,如在出售时标明"处理品"的字样,或者作其他的更为详细的声明,在这种情况下,销售者对其售出的产品质量不应承担责任。种子公司在出售种子时,便说明了这是质量较差的常规稻种,买方在购买这一种子时,就应对歉收的后果有所预见。因此,种子公司不应承担责任。李某明知种子质量不好却以低价购买,而且在给农民发放种子时,没有如实把种子的真实情况告诉他们,其行为严重损害了广大村民的利益。所以李某应对造成的经济损失承担赔偿责任。

## 46. 销售劣质轮毂,造成车祸是否担责?

2007年6月30日,个体司机杨某从某汽车运输公司服务站花153元购买了汽车前轮毂两只。次日,杨某请县汽车修理厂的一职工将其中的一只轮毂安装在其驾驶的中巴客车的右前轮上。7月6日10时许,杨某驾车驶至距县城10公里处时,右前轮上的轮毂突然破断,致使汽车失控撞地,严重损坏,14名乘客因此受伤。事后,杨某认为此次车祸系轮毂质量不符合国家规定的有关标准所致,向该县技术监督局申请对破断的轮毂进行技术质量鉴定。县技术监督局将破断的轮毂委托某金属产品质量监督检验站检验,结论为:受检前轮毂存在严重的缩孔、缩松铸造缺陷以及出现大量的枝晶状石墨和较厚的表皮层,表明该产品质量差,是导致破断的内在原因。杨某为修理该车花费7000元,赔偿受伤乘客的医疗费30000元,修车期间的停车误工费4500元,杨某要求汽车运输服务公司服务站赔偿上述费用41500元。服务站认为,他是销售单位,轮毂有质量问题,应向生产厂家索赔。杨某遂向县法院起诉,要求服务站赔偿因车祸造成的损失。法院会支持杨某的请求吗?

回答是肯定的,服务站应承担赔偿责任。我国《产品质量法》第43条规定:因产品存在缺陷造成人身、他人财产损害的,受害人可以向产品的生产者要求赔偿,也可以向产品的销售者要求赔偿。我国《民法通则》对此也作了相应的规定。因此,杨某要求服务站赔偿是有法律依据的。

### 47. 热水瓶炸伤人,举证责任倒置

1997年7月,张某从某商场花100元购买了一台款式新颖、外观别致的电热开水瓶,当时售货员说发票用完了,他也没坚持索要。张某所购的热水瓶带回家未用上半小时就发生爆炸,将彩电也炸烂了。张某找商场要求赔偿,该店却不承认热水瓶是该店卖的,张某就向生产厂家某电器厂索赔,电器厂认为其

生产的产品不存在质量问题,热水瓶爆炸只能是张某使用不当造成,如张某能举出证据证明他们生产热水瓶过程中有过错,他们负责赔偿,否则拒不赔偿。那么,张某是否应按某电器厂的要求指出其在生产过程中的过错,方可索赔呢?

　　《民法通则》第 120 条规定:因产品质量不合格造成他人财产、人身损害的,产品制造者、销售者应承担民事责任。产品质量法也作了相同的规定。一般的民事侵权责任实行的是过错原则,即受害人证明侵权人有过错的前提下才能要求侵权人承担责任,侵权人只对自己过错造成的损害后果承担责任。而因产品质量不合格造成他人财产、人身损害的,承担的是无过错责任。产品责任是一种特殊的侵权责任,无论产品生产者、销售者主观上有无过错,只要其不能举出证据证明自己销售的产品是合格的或致害原因是由于消费者过错行为造成的,就要承担相应的民事责任。该原则适用举证责任倒置,即举证责任在生产者、销售者,而不在消费者。消费者只要证实有损害事实即可要求赔偿。而生产者、销售者必须证明其产品合格或导致损害是由于消费者过错造成方可免责。本案例中,某电器厂没有充分证据证明爆炸的热水瓶是合格产品,也没有证据证明热水瓶爆炸是张某使用不当造成的,在这种情况下,该电器厂必须对张某被热水瓶炸伤造成的损失进行赔偿。

## 48. 消费者自行安装热水器就无权索赔吗?

1996 年 5 月 13 日,梁某在县百货公司购得某电器厂生产的大功率热水器一台,因其自己曾做过电工,便按说明书要求,自己安装好了热水器。但用了不到一周,梁某的妻子在洗澡时,触电身亡。事故发生后,该县技术监督局对梁某购买的热水器进行了质量鉴定。鉴定结论认定该热水器漏电,属不合格产品。据此,梁某依照产品质量法规定,要求某电器厂和县百货公司共同承担连带赔偿责任。某电器厂与县百货公司则认为,当地政府有规定,凡购买大功率热水器的顾客,必须请电管局的专业安装队安装。梁某没有请专业安装队安装,而是自行安装,所以购买人梁某也有一定的错误,应适当减轻生产者和销售者的民事赔偿责任。那么,梁某未按行政机关的规定请专业队人员安装热水器,是否就应减轻生产者和销售者的民事赔偿责任呢?

这是一起产品质量不合格而引起的损害赔偿纠纷,产品质量应由生产者来保障,销售者也应当保证其销售的产品为合格产品,这是生产者和销售者负有的品质担保义务,如果违反了该项义务,就应承担产品造成损害后果的赔偿责任。本案中,生产者生产的热水器质量不符合要求,外体漏电,直接造成了使用者死亡的严重后果,应依法承担损害赔偿责任。县百货公司销售不合格产品应承担连带责任。这时的消费者与生产者、销售者之间属民事法律关系。

当地政府关于顾客购买大功率热水器后,必须请电管局专业安装队安装的决定,是一种具有一定约束力的行政性文件,梁某违反只能依行政法规对其予以处罚。由于这一行为并不是导致热水器漏电致其妻死亡的原因,所以不能以梁某违反了当地政府的有关规定,来减轻生产者某电器厂、销售者县百货公司的赔偿责任。

## 49. 虽是旧货,同样要负责

1998 年 7 月 17 日,农民况军山在县百货大市场旧货柜台上花 150 元购买了一台已使用过两年的单相抽水泵抗旱。8 月 20 日下午,况军山用该水泵抽水,不到两分钟水泵就抽不出水来。况军山遂叫其子况杰切断电源,自己将水泵提起竖放在井沿上,左手抓住水泵手柄察看。过了一会,况军山叫况杰接通电源试机,通电后况军山"哎哟"一声便栽倒在地,触电身亡。事后该水泵经县产品质量检验所鉴定为不合格产品。带着失去父亲的悲痛,况杰找县百货大市场索赔,负责人却答复:"你们买的新水泵出了事,我们肯定会赔偿,但你们买的是旧货,应该知道旧货不是这里有毛病,就是那儿有问题,况且这在卖的时候也已经告诉了你们,现在出了事我们没有理由赔偿。"况杰文化水平不高,觉得父亲就这样去了,死不瞑目,于是况杰给在政法大学读书的表哥写了一封信请教。很快表哥就回信了,他说:"对任何一件商品,生产者、销售者都有安全担保义务。法律规定生产者、销售者最起码应对商品自最初售出之日起 10 年内发生的质量事故承担责任,虽然你们买的是旧水泵,但以前仅使用 2 年,尚在 10 年期限内,根据法律规定,水泵的生产者、销售者均应承担赔偿责任。所以你可以去县百货大市场同他们协商,如果协商不成,可以向县消费者协会投诉或直接到法院起诉。"带着表哥的信,况杰又找到了百货大市场的负责人。当该负责人看过信之后,知道推卸不了责任,就自觉地赔偿了丧葬费、扶养费、精神损失费共计40000余元。况杰喃喃地念道:"爸爸,您这下可以瞑目了。"

## 50. 商家有欺诈行为,消费者可获得加倍赔偿

某镇农民潘虎是个养鱼专业户,已28岁了,还未找到对象。这天,在司法所工作的同学董强来到潘虎家,专门为他介绍对象。为了相亲,潘虎来到县城某服装精品店花120元买了一件"雅戈尔"衬衫,谁知拿回家试穿,见后面的衣领处标明了"处理品"三字。潘虎觉得上了当。但又不知该怎么处理,于是来到镇司法所找董强。

董强听完这事后说:"把处理品当作正品卖属欺诈行为,其他的如销售掺杂、掺假、以假乱真等也是欺诈行为。对经营者这种行为,消费者权益保护法明确规定:经营者除按消费者要求修理、调换、退货、赔偿实际损失外,还应按货款或服务收费的1倍加倍赔偿。因此,你可找商家退货,并要求其加倍赔偿你120元。如果商家不同意上述要求,你可找消费者协会投诉,或直接向人民法院起诉。"

潘虎找到某服装精品店要求退货并加倍赔偿,某

服装精品店仅同意退货。潘虎遂向县消费者协会投诉。在消费者协会的责令下,某服装精品店终于退还货款120元,并加倍赔偿潘虎120元。

### 51. 拆了包装就不能退货吗?

1999年5月18日,戴老汉在县城林某经营的食品店花5元钱买了一袋芝麻糊。当拿回家将芝麻糊冲给老母亲喝时,发现"芝麻糊"呈团团块块状,味道也明显不如以前。戴老汉觉得上当了,于是包起芝麻糊又返回县城找林某,指出这是不合格产品,要求退货。林某一口就回绝,说:"你拆开了要退货,这拆开的我卖给谁呀?"戴老汉一听气得冒烟,说;"你还要用这假货继续蒙人呀!"周围群众都劝戴老汉:"也就5块钱的事,犯不上斗气较真,就认了算了吧。"戴老汉是个倔性子,说:"我就不信没有说理的地方,我就是要讨个说法。"

电视中常讲消费者协会管这种事,第二天一大早,戴老汉就来到县消费者协会投诉。消协的同志告诉他:"只要是不合格产品均可要求退货,如果查明经营者明知是假货还要销售,还可以加倍赔偿。"消费者协会经调查确认戴老汉反映的情况属实,同时查明林某知假卖假,根据消费者权益保护法的有关规定,责令林某赔偿戴老汉10元钱。得知这一投诉结果,戴老汉开心地笑了。他说:"5元钱不算什么,就是不能让造假卖假的人这样猖狂。"

## 52.隐瞒商品产地,构成欺诈行为

　　1997年12月份,李某去某商厦购买摩托车,发现一种标明产地是南京的摩托车式样新颖,即花5000元购买了一辆。摩托车购回后,见说明书记载的产地是江苏高邮,并且该车先后发现不同程度的质量问题,李某多次要求商厦处理,商厦仅承诺退回80%购车款。协议不成,李某向当地法院起诉,要求商场退货并赔偿损失。法院审理认为,商厦在销售摩托车过程中,有义务向消费者提供产品生产地的真实情况。该商厦在商品标签上将本为江苏高邮产地写为南京,隐瞒了商品的真实情况,是对消费者的误导,属欺诈行为,遂作出如下判决:某商厦收回李某退回的摩托车一辆,商厦退还李某购车款5000元,同时赔偿李某5000元。法院的判决正确吗?

　　法院的判决是正确的。消费者享有知悉其购买、使用的商品或者接受的服务的真实情况的权利。商厦为扩大销路隐瞒商品产地是一种欺诈行为,它侵害了消费者的知悉真情权。根据消费者权益保护法规定,经营者提供商品或在服务中有欺诈行为的,应当按消费者的要求增加赔偿其受到的损失,增加金额为消费者购买商品的价款或者接受服务的费用的一倍。因此,法院判决商场赔偿5000元是正确的。

## 53. 商品短斤少两,经营者应承担什么责任?

农民汪某到县农贸市场向屠户李某购买猪肉2斤,每斤6元钱,共花12元钱。他拿在手里掂量了一下,觉得分量不是很足,于是拿到工商所门口的公平秤上称,结果只有1斤8两,于是向消费者协会投诉。消费者协会应如何处理呢?

消费者协会应责令李某补足数量,或退货退款,同时向消费者赔偿购肉款的数额12元。

我国《欺诈消费者行为处罚办法》第3条规定,采取虚假或者其他不正当的行为使销售的商品分量不足的,属于欺诈消费者的行为。本案例中李某短斤少两的行为即属欺诈行为。对有欺诈行为的经营者,消费者除要求补足数量或退货退款外,还可加倍向经营者索赔。因此,消费者协会的处理方法是正确的。当然,对这种短斤少两的欺诈行为,消费者还可向工商部门举报,工商部门可没收经营者计算器具和全部违法所得,同时可并处2000元以下的罚款。

## 54.明码标价却以高于市场价的议价成交,属欺诈行为

某县农民赵某想购一双皮鞋,来到该县某鞋店,看到一双皮鞋款式新颖,标价300元,经讨价还价,最终以160元成交。回家后,赵某的表兄童某问其花了多少钱,赵某如实相告。童某一听,笑着说:"上次我在县百货公司和你买了同样的鞋,才花了100元哩,你连商家狮子大张口的手法都识别不了吗?"赵某心想已经成交,自认倒霉算了,岂知童某十分有把握地说:"你去告皮鞋店吧,准赢。"那么,赵某应到哪里去告呢?我国消费者权益保护法明确规定,销售商品必须明码标价。实行明码标价的目的,在于方便消费者及时获知价格,使不同的消费者享受平等待遇,以及政府依法调查和监督市场价格行为。现在许多商家故意标高明码价格,表面上实行了明码标价,实际上是明码标假。让消费者讨价还价,以"极低"的议价成交,误以为很划算,实际上成交价还是远远高于该商品的实际价值。这其实是价格欺诈,消费者可以要求退货及加倍赔偿。因此,消费者赵某到消费者协会或是工商部门、物价管理部门投诉,一定会达到索赔目的的。

## 55.农药名实不符,厂家应负责任

2008年4、5月间,为了防止青梅黑斑病,某县富

兴、兰桥、江焦等地果农按照以往惯例,向当地供销部门购买某市农药厂生产的50%多菌灵农药,该药包装袋上没有标记和中文警示说明。果农在自家青梅果树上喷施所购农药,谁知喷药后不久,梅树大批落果,梅农经济损失惨重。经调查,引起青梅落果的原因是这些农户使用的该农药为假冒产品。经该省农药质量监督检验站检验,结论为:多菌灵含量20%,硫磺含量30%,符合Q/QN14—91,但此50%多菌灵WP-F外包装的农药登记号是冒用该厂40%的硫悬浮剂的农药登记号,实际农药名称应为50%的硫可湿性粉剂。也是就说,这些果农真正施用的农药名称是50%的硫可湿性粉剂。那么,冒名农药造成的果农损失应由谁承担呢?

厂家生产的农药没有警示标记,又没有中文警示说明,又冒用农药登记证号,对果农造成的损失厂家应予赔偿。

我国《产品质量法》第27条第1款第5项规定:使用不当,容易造成产品本身损坏或者可能危及人身、财产安全的产品,应有警示标记或者中文警示说明。某市农药厂的产品冒用农药登记证号,名称与内容不符,更为重要的是没有警示标记和中文警示说明,由此对消费者产生误导,造成了青梅落果的财产损失。根据《产品质量法》第41条第1款规定,因产品存在缺陷造成他人财产损害的,生产者应当承担赔偿责任。因此,某市农药厂对果农造成的损失应予赔偿。

## 56. 修车人刺破内胎让车主购其新胎应担何责?

某乡农妇周某骑自行车去赶集,途中发现后胎已瘪,找到修车人文某要求修车,赶集回来领车时,修车人说内胎被钉子划破,口子太长补不了,已换一新胎,要求周某付8元购胎费。周某付完款后将旧胎捡回,当回到家时,丈夫江某发现捡回的内胎不是钉子而是人为划破,遂找修车人文某索赔。那么,修车人刺破内胎让车主购其新胎应承担什么责任呢?

修车人文某应退还周某修车费8元,并加倍赔偿周某8元。经营者文某刺破周某旧胎而让其购买新胎,属欺诈行为。《消费者权益保护法》第49条规定,消费者提供商品或服务有欺诈行为的,应当按照消费者的要求增加赔偿其受到的损失,增加赔偿的金额为消费者购买商品的价款或者接受服务的费用的一倍。因此,本案例中文某首先应付给补偿性赔偿,即退回修车费8元,再增加惩罚性的加倍赔偿8元。

## 57. 在牛肉中注水后出售,应承担什么责任?

农民金某是专门卖牛肉的。1997年4月间,为达到发财的目的,他用注射器将大量水注入牛肉内后出售,经群众举报,该地工商所依法查封了其正在销售的注水牛肉。那么,将牛肉注水后出售,应受到什么行政处罚?

往牛肉中注水是掺杂、掺假的行为,会造成消费者的人身伤害或者财产损失。根据《产品质量法》和《消费者权益保护法》的规定,将牛肉注水后销售,既要承担民事责任,又要承担行政责任。金某应向购肉者退还购牛肉款,并向消费者赔偿同等数额款项。同时,工商行政管理机关可责令销售者停止销售,没收其违法所得,并处违法所得1倍以上5倍以下的罚款,还可以吊销其营业执照。

### 58. 没有发票就无法索赔吗?

何某是某镇农民,1998年他在某经销部购买啤酒返家,在距家5米远时,不幸啤酒瓶爆炸,致使眼、鼻、脚多处受伤,被他人送往县人民医院治疗,花费医疗费4000余元,而且致伤的右眼视力仅有0.2。出院后,何某向经销部索赔,经销部不承认爆炸的啤酒瓶是其销售的,因当时何某也未向经销部索要发票,何某只得自认倒霉。后眼睛伤情恶化,红肿、看不见东西,只好到医院手术摘除了右眼球,何某为此负债累累,特别是咽不下这口气,于是来到律师事务所咨询。律师告诉他,没有发票、收据,一般不能起诉销售者,但可以起诉产品的生产者。在律师的指点下,何某向啤酒生产厂家索赔。

消费者权益保护法规定,消费者或者其他受害人因商品缺陷造成人身、财产损害的,既可以向销售者要求赔偿,也可以向生产者要求赔偿。何某将爆炸酒瓶的残骸送到技术监督局检验,发现爆炸的原因是瓶壁厚薄不均,凹凸不平,造成受压不均,产生爆炸,并且证明爆炸的酒瓶是广东某啤酒厂生产的。于是何某便向法院起诉广东某啤酒厂。法院审理后判决:广东某啤酒厂赔偿何某医疗费、残疾赔偿金、伤残补助费4万元。

## 59. 电信局错刊电话号码,受滋扰者获赔偿

随着农民生活水平的提高,电话已逐步走进了农户家中。1999年7月5日,月潭村农民刘辉顺应潮流安装了一部电话。开始一段时间,刘辉一家确实享受了电话给他家带来的办事便利的好处。两个月后,刘辉家经常接着莫名其妙的电话:"月潭村委会吗?请给我找××接电话。"有时半夜也会响起这样的电话,刘辉觉得奇怪,遂到电信局查询,原来电话簿上月潭村委会的号码就是自己家的号码,属错刊电话号码。刘辉要求电信局排除妨碍,赔偿精神损失,电信局表示,仅能为刘辉更换电话号码,不可能重新印制新的电话号码簿,并且不同意赔偿精神损失。双方意见不能统一,那么,该纠纷如何处理比较合适呢?

刘辉向电信局交纳了一定的电话安装费及月租费后,即与电信局形成了一种电讯服务合同关系,电信局应按约给刘辉提供服务。由于电信局在服务工作中失误,使刘辉家的正常生活受到干扰,同时给刘辉造成一种无形的非财产的精神损失,电信局应承担精神赔偿责任。鉴于电信局重新印制电话号码簿工作量很大,也会造成电信局更大的损失,应允许电信局为刘辉更换电话号码,使得刘辉一家不再受到滋扰。

## 60. 公园多次收取门票费合法吗?

刘某携带儿子小明至县公园,花 20 元钱购买两张门票后入内游玩。当行至动物馆时,被工作人员拦住不让入内,要再购票后才能进去观赏动物,刘某不解地说:"我进公园已买了门票, 而且门口又没有看见里面还要收费的告示,怎么又要购票呢?"工作人员解释:"你买的是进公园门的票, 未买进动物馆的票。"这边儿子小明吵着要去观看动物,刘某只得又花 10 元钱购了两张票。回到家后,刘某愈想愈气,于是来到县消费者协会投诉。公园多次收取门票费合法吗?

公园多次收取门票费不合法。国家发改委发布的《关于商品和服务实行明码标价的规定》第 16 条规定, 旅游点应在经营场所的醒目位置公布其收费项目明细价目表。价目表应包括收费项目名称、服务项目、收费标准等主要内容,也就是说经营者应实行明码标价制度, 这是经营者提供真实信息的法定义务。公园未在入口处标明收费项目明细表,到园内又要收费属诱购性质,是不合理的。因此,县消费者协会应支持刘某的投诉,并责令公园退回游玩动物馆的门票费 10 元。

### 61. 受失效疫苗之害,八龄童依法获赔

1998 年 8 月 18 日,8 岁的谷军到村口玩耍时不慎被狗咬伤,谷军的母亲立即领他到钱盛开的个体诊所注射疫苗。三日后,谷军又被注射了第二针。8 月27日,当谷军按治疗规程要注射第三针时,谷军的母亲发现钱盛所注射的疫苗早已过了有效期。经交涉,钱盛领谷军到县防疫站采取了补救措施。但防疫站医生告诉谷军的母亲,患者要在被咬伤后的 24 小时内注射疫苗才能有效,现在注射已有点晚,不能保证今后不发病。又听说狂犬病因在人体内的潜伏期最长可达 19 年,为此谷军的家人精神上蒙受了很大压力,于是向钱盛索赔。但钱盛认为事后已采取了补救措施,且卫生行政部门也已对其进行过处罚,不同意再赔偿。谷母只得以法定代理人的身份将钱盛告上了法庭。法庭会判钱盛赔偿吗?

法庭认为,钱盛私自购买并出售狂犬疫苗针剂的行为违法,未告知谷军应到卫生防疫站治疗而为其注射失效的疫苗针剂,致使错过了打针的最佳时间,导致谷军一家人精神上受到很大伤害,判决钱盛赔偿精神损失费9000 元。

### 62. 无证行医延误医治,致人死亡应担何责?

1999 年 1 月 31 日 17 时许,家住青山村的 12 岁

的邓香因感头痛,其父邓光国带她至青山村卫生所就诊,但是医生外出,该所勤杂工曾红接诊。曾红诊断邓香所患为感冒性胃炎后,即自行开处方、配药为邓香输液治疗。期间邓香出现 3 次呕吐,曾红又配药对其进行两次肌肉注射。输液完毕,邓香的病情加重了,自己不能走路,邓光国将邓香背到家后不到 10 分钟,邓香出现牙关紧闭、抽搐现象。邓光国就请另一诊所医生到家诊治,经察看后急嘱送医院神经科抢救,当晚21 时许,邓香在送往医院途中死亡。经法医鉴定,邓香为脑动脉破裂出血,脑水肿死亡,该鉴定还认为,邓香若抢救及时,不会死亡。医疗事故鉴定委员会据此作出不构成医疗事故的结论。

那么,曾红及其诊所应该承担什么责任呢?

首先曾红及其诊所应承担无证行医致邓香死亡的民事赔偿责任。本案例中,经法医鉴定和医疗事故鉴定委员会鉴定,曾红无证行医与邓香死亡没有直接的因果关系,但仍需承担赔偿责任,理由如下:第一,曾红不是医生,却代替医生行医,过于自信误治邓香,主观上有明显过错;第二,邓香如及时送医院有可能不会死亡。而曾红为了达到牟利的目的,延误了邓香最佳抢救时间,邓香的死亡结果与曾红无证行医的行为存在间接的因果关系。第三,国家已三令五申禁止非法行医,曾红无证行医属一种医疗侵权行为。因此曾红及其诊所应承担致邓香死亡的赔偿责任。

其次,曾红应承担无证行医的行政责任。由于曾红无证行医,违反了我国有关法律规定,致使邓香死亡,卫生行政管理部门应给予行政处罚,责令其改正,并处以罚款。

### 63. 发生医疗事故,仅对受害人补偿行吗?

2007 年 5 月 8 日,梁倩发觉自己有流产的迹象,便到县人民医院就诊。医生诊断为先兆性流产,为梁倩开了保胎剂黄体酮。但药剂师错给梁倩发了催产用的宫缩素,接着护士就给其注射了一支宫缩素。第二天梁倩再去打针时,护士长发现错拿了药,后经 B 超检查,发现胚胎已死亡,梁倩只得做了人工流产手术。为此梁倩身体、精神、经济遭受重大损失,县医疗事故鉴定委员会鉴定为一级医疗事故。梁倩因此要求医院赔偿 21 万元,但医院仅同意补偿 3000 元。一方是要求赔偿,另一方仅同意补偿,这起医疗纠纷应如何处理呢?

县医院应承担赔偿责任。县医院医务人员在为患者提供医疗服务时,由于工作严重失职,致使患者流产,这侵害了患者的生命健康权,给受害人造成的损失应予赔偿。在处理医疗事故赔偿案中,可根据不同情况,按照《医疗事故处理条例》第 50 条的规定,要求医院赔偿医疗费、误工费、住院伙食补助费、陪护费、残疾生活补助费、残疾用具费、丧葬费、被扶养人生活费、交通费、住宿费及精神损害抚慰金等费用。

## 64. 第三者拒赔被保车辆损失，投保人可向保险公司索赔

1996年4月16日，华林乡个体司机王强将其经营的一辆华西客车在某保险公司投保。同年10月20日，该车在行至320国道102公里加200米处时，与迎面行使的一辆东风大货车相撞，致使车上8名乘客受伤，王强用去医疗费13000余元。该车经保险部门核定损失为25000元。交警部门作出的事故责任书认定，大货车的司机承担全部责任。

事故发生后，肇事方仅向王强预付4500元医疗费。此后交警队两次传唤大货车车主调解，货主均拒不到场调解。1997年3月31日，交警队向双方当事人下达了调解终结书。王强遂向法院起诉，要求货车车主予以赔偿，但货车车主由于车祸致使其车报废，经济损失惨重，跑到外地打工去了。王强这边付了伤者的医疗费，那边又要修车，打官司又没有一个结果，整日愁容满面。法院的张法官看着愁眉苦脸的王强，给他出了一个主意，告诉王强："你的车既然投保了，你也已经向法院起诉，按保险法的有关规定，你可以

直接向保险公司索赔,保险公司一定会赔偿的,保险公司赔偿后,就可代替你与货车车主打官司,你的问题不就解决了吗?"听了张法官的一席话,王强恍然大悟,立即向保险公司提交了书面索赔申请书及有关损失清单,不久,王强如愿以偿地得到了保险公司的理赔款 30000 余元。

### 65. 中奖未按期兑现,该奖券还有效吗?

1999 年 4 月 1 日至 15 日,某商场举办有奖酬宾销售活动,承诺凡在该商场购物满 100 元者可获得奖券一张,摇奖产生一等奖一名、二等奖三名、三等奖十名。在此期间,农民徐春在该商场购物获奖券数张,某中一张号码为 049986。4 月 16 日,商场在公证员的公证下公开摇奖,摇出二等奖中的一个中奖号码为 049986,奖金为 2000 元。商场当即将中奖号码及奖金数额公布在门前的公告牌上,并在公告牌上注明:"中奖者须在 4 月底前兑奖,逾期按自动放弃处理。"除此之外,商场在举办该期有奖销售活动中,未作出任何有关领奖时限的规定,4 月 18 日,当地报纸刊登该商场的开奖公告,并公布了中奖号码及奖金数额,但未注明领奖期限。徐某 5 月 5 日从报纸上得知自己中奖后,兴奋得整夜未眠,第二天一大早赶到商场兑奖。但该商场却以兑奖期限已过为由拒绝兑奖,为此双方发生争执。商场拒绝兑奖应该吗？

商场应该向徐春兑付 2000 元奖金。本案例中双方争执的焦点是商场在门前公告牌上规定兑奖期限的行为对徐春是否具有法律约束力。商场规定兑奖期限的行为只能是单方行为,它无需与对方当事人协商并征得对方同意,但商场应通过一定的公示途径让对方当事人知晓并给予对方必要的知悉和准备时间。国家工商行政管理局《关于禁止有奖销售活动中不正当竞争行为的若干规定》中规定,经营者举办有奖销售,应当向购买者明示其所设奖的种类、中奖概率、奖金金额或者奖品种类、兑奖时间及方式等事项及属于非现场即时开奖的时间、地点、方式和通知中奖者的时间、方式。虽然商场在公告牌上规定了兑奖期限,但该行为显然违反了上述规定,因而在公告牌上规定兑奖期限的行为对徐春不具有法律约束力,徐春是在不知情的情况下"逾期"领奖,徐春对逾期领奖并无过错。因此,商场应向徐春兑付 2000 元奖金。

## 66. 存款被冒领,银行须赔偿

1997 年 11 月 8 日,韩某以自己的名字在某银行存款 7000 元,期限为一年,银行给他办理了存单。1997年 12 月 15 日,刘某到该行谎称韩某把存单丢失,委托他来办理挂失手续,刘某以自己的身份证及伪造的韩某的身份证,将该款挂失并陆续取走。存款到期后,韩某持存单来取款,某银行以该笔款的挂失手续齐全且该款已被他人代领为由拒付。存款被冒领,谁承担赔偿责任呢?

银行应负全部赔偿责任。

办理挂失手续,须持本人身份证,并提供储户的姓名、开户时间、金额、账号及住址等有关情况,向其开户的储蓄机构书面申请挂失。如委托他人代取,还需验证代取人身份证,银行应认真审查证件等材料,防止存款被冒领。韩某与银行之间属存款合同关系,韩某存款后,某银行应按合同约定履行兑付款项的义务,韩某的存款被挂失取走系某银行审查不严造成的,韩某本身并无过错,因此存款被冒领的责任由某银行承担,银行应按存单的约定向韩某兑付存款本金及利息。

## 67. 储户及时挂失无错,银行止付迟缓当赔

1996年9月5日晚11时许,唐某家被盗,经检查,发现存于某县银行袖真路储蓄所的活期存折一张也被盗走,存折有余额5606.84元。次日上午8时整,唐某来到袖真路储蓄所挂失,填好单,并向该所工作人员说明存折被盗一事后,即交单给该所业务员陈某,陈某说:"挂失要拿身份证。"唐某因急于挂失而未

带身份证,就说:"请你先帮我办理挂失手续,我现在就去拿身份证来。"唐某即刻起身回家。陈某办了三笔业务后,已到8时30分,才给唐某查询,查询结果,唐某挂失的活期存款已被他人在8时25分从联网的城关储蓄所冒领取走5600元,唐某持身份证急急忙忙赶来办理正式手续时,听陈某说存款已被冒领5600元。唐某认为自己挂失及时,被人冒领存款责任全在银行,于是要求银行赔偿,银行却以唐某未提供身份证为由拒绝赔偿。那么,银行是否应赔偿唐某的损失呢?

银行应该赔偿唐某的损失。《储蓄管理条例》对挂失进行了规定,储户遗失存单、存折,必须持本人身份证并提供存单、存折的有关情况,向其开户的储蓄机构书面申请挂失。在特殊情况下,储户可以用口头或函电形式申请挂失,但必须在5天内补办书面申请挂失手续,储蓄机构受理挂失后必须立即办理停止支付该储蓄手续。也就是说,在一般情况下挂失应用书面申请,在特殊情况下,储户可以用口头或函电形式挂失。唐某家存折被盗,小偷很可能冒领存款,这种情况应属特殊情况,故可以认定唐某8时就申请挂失。袖真储蓄所应按规定立即通知联网的所有储蓄所止付,但该所通知止付迟缓以致存款被他人冒领,所以县银行应对袖真储蓄所给唐某造成的损失负赔偿责任。

## 68. 强迫交易也犯法

苏元是汪家乡专卖生姜的个体户。1998 年 5 月 19 日，苏元得知当地另一个体户李山在南昌以每公斤 1.13 元的价格购得一吨多生姜欲到汪家乡出售。苏元立即伙同其弟苏宝上门威胁，不准李山拉生姜在汪家乡出售，并要求李山把生姜卖给他自己，李山不从，苏元、苏宝便动手将李山打伤，后来李山被迫按苏元定的每公斤 0.8 元的价格，将 1013 公斤生姜卖给苏元，造成经济损失 534.29 元。事后，李山来到汪家派出所报案，派出所遂将苏元、苏宝抓获。苏元、苏宝因何被抓呢？

苏元、苏宝的行为触犯刑法已构成强迫交易罪。

商品买卖，两厢情愿，这既是商业运作应当遵循的基本行为准则，也是我国消费者权益保护法、反不正当竞争法等法律规定的商业交易行为应当遵循的基本原则。但强买强卖这种存在于买卖双方之间的不平等交易行为仍时有发生，这种行为不仅破坏了正常的商业交易程序，侵害了被害人的平等交易权及交易自由选择权，而且由于强买强卖常伴有暴力、威胁等手段，因而这种行为还在一定程度上侵犯了公民的身体健康权，破坏了被害人对商品交易活动的安全感，触犯了刑法。我国刑法规定，情节严重的强买强卖行为，构成强迫交易罪，处三年以下有期徒

刑或者拘役,并处或者单处罚金。本案中苏元、苏宝以获取非法利益为目的,采取暴力、威胁手段强买生姜,强迫他人不准经营生姜,以不合理的价格强行购买商品,其行为破坏了市场交易秩序,侵犯了经营者的合法权益,情节严重,构成强迫交易罪。

## 69. 打假获赔要纳税吗?

荷岭乡李江在一大商场购得一套进口家庭影院,价值1.3万元。后经确认为假冒产品,李江向县消费者协会投诉。在消费者协会的责令下,该商场退回购货款1.3万元,并加倍赔偿李江1.3万元。荷岭乡协税员刘某了解到此事后,来到李江家中要其交个人所得税。李江觉得打假索赔不应交税,而周围的群众对他说:"依法纳税是每个公民的义务,中奖都要交税,何况你这打假所得呢?"协税员要李江纳税合法吗?

为了解决心中的疑问,李江又来到县消费者协会咨询,县消费者协会的负责人告诉李江:"打假获赔所得无须缴纳个人所得税。纳税必须依法,《中华人民共和国个人所得税法》规定应纳个人所得税的只有工资、薪金、劳务所得等 11 项,而没有打假获赔应纳税的明确规定。另外,国家税务总局有关文件明确规定,凡属于个人打假所得赔偿,都应免缴个人所得税。这样规定,也是鼓励消费者积极打假,所以你打假所得无须纳税。"李江回去将此话转告了协税员刘某,刘某也就不敢再要李江纳税了。

## 70. 故意销售假冒产品,金额较大时也构成犯罪

戴思辉是安化县梅城镇个体工商户。1997 年11月至 1998 年 5 月,戴思辉先后三次从广东省增城市新塘镇某商店分别以 1900 元和 1620 元的价格购进假冒"嘉陵"注册商标的拼装摩托车 25 辆。戴思辉为了赚钱,在明知所购摩托车为假冒"嘉陵"牌商品后,仍以每台 1880 元至 3400 元不等的价格在安化县进行销售。县公安局接到群众报案后,查明戴思辉已销

售这种摩托车16辆,销售金额达4.1万余元,遂于1998年5月30日扣押了戴思辉尚未销售的假冒"嘉陵"注册商标摩托车9辆,并没收其违法所得款1.5万元。县人民检察院以戴思辉构成销售假冒注册商标的商品罪向县人民法院提起公诉。戴思辉认为,销售假冒注册商标的商品日益增多,今天销售了一些假冒产品,根本不构成犯罪。戴思辉的想法正确吗?

戴思辉的想法是不对的。安化县法院经审理认为,戴思辉违反国家商标和市场管理法规,故意销售假冒注册商标的商品,其行为已构成销售假冒注册商标的商品罪。由于戴思辉能如实交待犯罪事实,酌情从轻处罚。最后法院判处戴思辉罚金1万元。

此案告诫人们:莫售假,售假必被捉,正当合法经营才是致富之道。该案同时提醒消费者,在购买商品时,切莫贪小便宜而吃大亏。

## 71. 告状也要及时

1996年7月26日中午,王春贵等人到朋友金日根家喝酒。12时左右,王春贵身边的一瓶啤酒(出厂日期为1996年7月5日)突然爆炸,炸飞的玻璃瓶碎片将王春贵的右眼打伤。法医鉴定为七级伤残,经住院治疗花费医疗费2000元。生产厂家向王春贵支付了2000元医疗费。1999年12月25日,王春贵从报纸上看到和他遭遇相似的消费者还获得了误工费、护理费、伤残补助费、交通费等费用的赔偿，于是王春贵也向法院起诉，要求厂家赔偿误工费、护理费、伤残补助费、交通费等费用。法院会支持王春贵的诉讼请求吗？

法院会驳回王春贵的诉讼请求。因王春贵起诉时已超过诉讼时效为二年的期限，丧失了胜诉权。

当你的权益受到损害时，你可通过打官司解决纠纷，但千万不要超过诉讼时效期间，也就是打官司要及时，否则你即使有理，法院也会驳回你的起诉。

我国法律规定,因产品存在缺陷造成损害要求赔偿的诉讼时效期间为两年,自当事人知道或者应当知道其权益受到损害时起计算。诉讼时效因提起诉讼、当事人一方提出要求或者同意履行义务而中断,从中断时起,诉讼时效期间重新计算。

本案中,王春贵受伤后仅得了2000元医疗费的赔偿,但直至1999年12月25日前并未要求厂家赔偿其他费用,在受伤两年后,他才要求厂家赔偿其他费用,这已超过二年的诉讼时效,因此,法院应依法驳回王春贵的诉讼请求。王春贵由于未及时告状,失去了法律对这项权利的保护。

## 72. 遇到假币怎么办?

某县棠浦乡农民蒋荣到县生资公司购买了价值348元的化肥,蒋荣付了人民币400元,售货员找回蒋荣人民币52元。蒋荣发现找回的一张面值50元的人民币水印模糊不清,金属线也不明显,怀疑该币为假币,遂不同意接受该币。售货员则坚持该币是真币而不同意调换,双方于是发生争执。蒋荣应如何维护自己的权益呢?

《中华人民共和国人民币管理条例》规定:单位和个人持有伪造、变造的人民币的,应当及时上交给中国人民银行、公安机关或者办理人民币存取款业务的金融机构;发现他人持有伪造、变造的人民币的,应当立即向公安机关报告;中国人民银行、公安机关发现伪造、变造的人民币,应当予以没收,办理存取款业务的金融机构发现伪造、变造的人民币,应当面予以收缴。

在本案中,蒋荣首先可以要求县生资公司派员将该币送至办理存取款业务的金融机构或中国人民银行进行鉴定。若鉴定为真币,则蒋荣应接收该币。如鉴定为假币,该金融机构应予以收缴或中国人民银行应予以没收,县生资公司应另付给蒋荣人民币50元。

县生资公司如果拒绝对该币进行鉴定,蒋荣可向当地公安机关报告,公安机关查证该币为假币时,应当予以没收,县生资公司仍要付给蒋荣人民币50元。

## 73. 银行收缴假币也应合法

2000年5月3日,南田镇农民张洪带卖猪款3000元到该镇农行储蓄所存款,收款员接款后进行点数和识别,称其中有二张百元券是假币,然后收款员又单独到内室进行复核鉴定,接着开了一张仅有金额的收缴凭证给张洪,并随手把这二张百元券放进抽屉。张洪解释说:这些钱都是食品站付的购猪款,是自己的血汗钱,食品站也是刚从银行取回来的,怎么会是假币呢?为此,双方发生争执。该镇农行储蓄所收缴假币的手续合法吗？

该镇农行储蓄所收缴假币的操作程序不合法。《中华人民共和国人民币管理条例》第34条规定：办理人民币存取款业务的金融机构发现伪造、变造的人民币，数量较少的，由该金融机构两名以上工作人员当面予以收缴，加盖"假币"字样的戳记，登记造册，向持有人出具中国人民银行统一印制的收缴凭证，并告知持有人可以向中国人民银行或者中国人民银行授权的国有独资商业银行的业务机构申请鉴定。

该镇农行储蓄所工作人员未当面对可疑币进行鉴定，而是脱离持有人张洪的视线单独进入内室复核鉴定，不能否定里面有"调包"的可能。收款员未当面将可疑币加盖"假币"字样的戳记，未当面登记可疑币的券别、号码，又未告知持有人有向有关部门申请鉴定的权利，这样的收缴行为剥夺了张洪要求申请鉴定的权利。因此，该镇农行储蓄所未依法履行收缴假币的职能。

与该镇农行储蓄所的这起纠纷如不能协商解决，张洪应及时向当地的中国人民银行投诉或向法院起诉，其合法权益一定会得到维护。